노랑 구두의 사랑

세종마루시선 019

노랑 구두의 사랑

2025년 8월 15일 초판 1쇄 발행

지은이 전미진
펴낸이 윤영진
기획 이은봉 김백겸 김영호 최광 성배순
홍보 한천규
펴낸곳 도서출판 심지
등록 제 2003-000014호
주소 34570 대전광역시 동구 대전천북로 12
전화 042 635 9942
팩스 042 635 9941
전자우편 simji42@hanmail.net
ⓒ전미진 2025
ISBN 978-89-6627-269-3 03810

* 저자와의 협의에 의해 인지를 생략합니다.
* 이 책 내용의 전부 또는 일부를 재사용하려면 저자와 심지 양측의
  동의를 받아야 합니다.

세종마루시선

019

노랑 구두의 사랑

전미진 시집

시인의 말

기쁠 때나 슬플 때
음악을 들을 때에도
떠오르는 생각을
적어가던 날들이 많았습니다.

삶의 무게를
종이 위에 풀어가노라면
잠자리 날개가 되어
가볍게 날아갑니다.

하늘에 별이 되신 어머니께
막내딸의 헌시를 올립니다.

어머니, 고맙습니다.

2025년 여름, 초록을 담아
전미진

차례

05 시인의 말

제1부

13 장롱의 노래
14 노랑 구두의 사랑
16 사랑은 농심 닮았다
18 가을이 가기 전에
20 울 엄마
21 사랑은 초보 운전
22 우리는 지금
24 동행
25 메아리는 노을을 타고
26 해당화 바닷가
27 면회
28 예술 동행
29 미련의 싹
30 그날
31 당신
32 하얀 나비
34 채송화 닮은 여자

제2부

37 오월의 풍경소리
38 배추밭 소고
39 전화벨 소리
40 국사봉에 오르면
41 진정을 나누는 것은
42 아픔도 지나면 웃음이 된다
44 약속에 기대어
45 동백 아가씨
46 설궁雪宮 속으로
47 허무를 붙잡고
48 동백꽃 되리
49 첫사랑 그 남자
50 동박새 기다리며
51 쓸쓸한 가을
52 안개비 사랑
53 두견화 피는 언덕

제3부

57 천태산 가는 길
58 어머니
60 간절한 기도
61 소쩍새는 어디로 갔을까
62 소중한 별 하나
64 마지막 모습
65 가을 숲에서
66 저녁의 질문
67 그런 날이 있지요
68 그리운 아버지
70 대문을 열어 두고
71 해바라기 사랑
72 산다는 것은
74 겨울 비탈길에서
75 계룡산 언덕
76 아버지 친전親展

제4부

79 풀잎 연가
80 나의 자리
81 까치집
82 둘 그리고 하나
85 하늘의 인연이여
88 별 하나 1
89 별 하나 2
90 아무것도 보이지 않는군요
91 다이어트
92 그대에게―소중한 선물 1
93 한 사람―소중한 선물 2
94 축복―소중한 선물 3
95 푸른 토양―소중한 선물 4
96 오송 지하도를 지나며
98 매물도 등대섬
99 새해에는

101 해설 사랑과 그리움, 따스한 마음   이은봉

〈일러두기〉

* 본문에서)는 '단락 공백 표시'로 한 연이 새로 시작된다는 표시이다.

제1부

장롱의 노래

축복의 그날 너는
내게로 달려와 다정한 친구가 되었지.
추억이 하나둘 쌓일 때마다
너의 문 열고 온갖 것 보관했지.
사랑이 깊어갈수록
윤기나도록 너를 닦았고
노을이 흘러갈수록
그리움으로 네게 다가갔지.
나를 지탱하기 힘든 날
조용히 네가 있는 방에서
자유를 갈망하며 보따리를 쌌지만
결국은 처음처럼 나,
너와의 행복을 꿈꾸었지.
이제는 돌아갈 수 없는
추억의 돛단배에 별 하나 매달고
알 수 없는 바다로 너를 떠나보내려
이별의 뱃고동을 울리고 있지.

노랑 구두의 사랑

아직 스무 살 청춘인데
아이 가졌으니 철없는 새색시
어머니 따라가는 오일장 버스 안
푸성귀 가득한 보따리 보고
입덧 나 군침 삼킨다.

지난밤 누렁이가 물어뜯은
신혼 신발에 속상해하시더니
어머니가 애써 키운 채소 한 보따리
노랑 구두로 변했네.

어머니 뭉클한 사랑에
부끄러운 손길로 막걸리 대접하고
알뜰히 용돈 모아 외투 한 벌 사드리겠다고
마음속으로 다짐한다.

서산의 저녁노을 따라 술 익어 갈 때
어머니 거친 손 붙잡고
흥겹게 돌아오는 가벼운 발걸음

어미 소 그리는 외양간 송아지처럼
반갑게 돌아오는 장날 하루.

사랑은 농심 닮았다

가뭄에 시들거나
폭우에 썩어가는
푸성귀를 보며
여린 싹이 거친 땅에서도
잘 자라기를 바란
나의 어리석은 마음, 용서를 빈다.
심기만 하면 거두리라 믿었는데
바쁘다는 핑계로
자주 찾지 못하니
윤기 없는 식물은 힘없이 시들다가
끝내 열매도 떨구어 버린다.
농작물은 농부의 발소리 들으며
자란다는 말이 있는데
준비 없는 사랑도 그런가 보다.
관심이 지나치면
소유가 되고
무관심이 길어지면
사랑도 멀어진다.
귀농을 꿈꾸는 나는

늘 그림자로 말없이 지켜주며
외로울 때 다가와 안아주는
큰 느티나무 같은
수호신이 되고 싶다.

가을이 가기 전에

오늘 같은 날에는
사랑한다는 말보다
아린 가슴을 전하고 싶다.
보고 싶다, 보고 싶어, 라는 말.

이 쓸쓸한 계절,
나를 버리고
너에게 갈 수만 있다면
낙엽으로 날아가련만…….

하루의 첫눈을 뜰 때
일상이 버겁게 느껴질 때
사무치게 그리운 사람
가을이 가기 전에
다시 만날 수 있을까.

잊을 수 없는 사랑 심어놓고
모르는 척하는
무정한 사람아.

영원한 소망을 노래하노니
응답하소서, 울림으로, 메아리로…….

울 엄마

작은 손 차고 시려
호호 불던 그 시절
유년의 추억 속으로
되돌아가서라도
보고 싶은 엄마.

세월 속 병상에 핀 백발
모든 추억 덮어가고
아버지 떠나가신 빈자리
하얀 그리움이 되어
자꾸만 눈물이 난다.

엄마 고운 사랑 받으며
밝고 예쁘게 자란
어린 딸아이 손 꼬옥 잡고
엄마가 기다리는 병원으로
찾아가는 주말, 푸른 아침이다.

사랑은 초보 운전

하루 이틀 소식 없이 흐르다 보면
첫 설렘도 무디어져
겁 없이 질주하던
그 시절로 돌아가서
맹목적으로 힘차게 달리고 싶다.
다시금 용기 내어 핸들 움켜쥐어도
골목을 벗어나지 못하니
갈 길 멀고 시간은 없는데
두려워 주저하는 사랑은 초보 운전이다.
당신 향해 달리는 교차로
초록빛 직진 신호가 들어올 때
힘차게 밟으리라
사랑의 액셀러레이터를.

우리는 지금

거실에 사랑 노래가 울려 퍼지는데
퇴근길 낭군과 아이들 생각하며
미소 짓는 각시는
오늘도 저녁 준비로 바쁘게 움직인다.

맛깔스럽게 깍두기를 담그고
불고기를 양념에 재우며
내일은 무슨 반찬을 준비할지
날마다 즐거운 고민을 한다.

가끔 미운 정으로 속상한 날도 있지만
낭군 건강하고, 곱게 자라는 자식 있으니
창문에 쏟아지는 햇살 바라보며
감사의 기도를 한다.

서로 부족한 걸 감싸주는 부부가 되어
자식 키우는 재미로 살아간다면
이 보금자리가 바로 천국 아니랴.
세월이 우리를 성숙하게 할지니

사랑하자, 지금은 다 함께.

동행

석가모니, 예수도 아니며
손에 쥔 것 없으나
마음은 언제나 부자다.

건강한 체력 필요하지만
힘보다 정신 무장 우선이다.
아무리 힘들어도 마음은 즐겁다.

사랑할수록 보람이 넘치고
겸손하게 나눔을 행하면
덤으로 덕이 쌓인다.

시작은 어렵지만 나눔 중독
명약이 되어 자신을 치유하고
아름다운 친구가 되어 동행한다.

메아리는 노을을 타고

믿을 수 없는 말을
받아들일 수밖에 없는 현실
가족에게 죄인이 된 심정으로
피곤하다는 핑계로 자리를 피한다.

몸이 좀 야위어가나 싶더니
초기도 아닌 폐암 말기
거짓말 같은 선고가
맑고 밝던 사내 가슴을 헤집는다.

그 아픔, 노을로 멍들어
남긴 한마디
"여보게 친구, 담배 끊고
마누라에게 있을 때 잘해."

마지막 유언이 된 말
노을을 타고 메아리칠 때
담배 생각은 왜 더 간절해지는지
빈 주머니를 만지작거린다.

해당화 바닷가

오늘도 어두운 밤
잔해처럼 부서지는 마음.

당신과 함께 거닐던
백사장 발자국
그리운 흔적 덮어버리는
얄미운 파도.

이제는 만날 수도
미련마저 가질 수 없는
바닷가 모래톱 건너
한 송이 해당화 피어 있네.

연분홍 작은 꽃봉오리들
다닥다닥 맺혀
서러운 눈물 씻어내라고
더 붉은 꽃피워 내라고.

면회

대한민국 사나이라면
누구나 한 번쯤 가는 길
할아버지 아버지에서 아들까지
공통된 이야기.

군대 간 막내아들
현충일 아침에
다시 찾는다.

볕에 그을려 까무잡잡한 얼굴
늠름한 경례, 얼싸안고
어깨 토닥거린다.
그리움의 보따리 펼친다.

예비역이 되면 살아 숨 쉬는
젊은 날의 추억
성숙한 남자로서
삶의 나날, 큰 힘이 되리라.

예술 동행

장애인 비장애인 어울려
시를 읽고 시 쓰기도 하는 날

시가 도대체 뭐야?
우리 사는 게 시지!

묻고 답하고 웃고 울며
소통이라는 씨앗 뿌리면

초목이 어우러져
이름다운 숲을 이루듯

햇살도 바람도 유순해지는 날
예술이라는 꽃이 활짝 피는 날.

미련의 싹

오지 않는 사람, 밤새
까맣게 기다려 본 적 있는가.

풀리지 않는 매듭 부여잡고
이룰 수 없는 인연
깨끗하게 지워버릴 수만 있다면
마음 편하지 않을까.

속이 꽉 찬 배추라면
김장 김치의 깊은 맛 떠올리련만
쉽사리 손에 잡히지 않아
헛헛하게 뒤척이는 밤

내 가난한 영혼에 뿌리내린 사람
머잖아 잎을 틔우는 날 올까.

그날

따스한 봄날
시골 밭둑길에 앉아 들꽃 꺾으며
웃음 짓던 날,
연분홍 향기로 피어난
복숭아꽃 아름다워
발걸음 멈추고 환호하며 기뻐하던 날,
멀리서 부르는
정겨운 목소리에
한껏 대답하며 우정 다지던 날,
산으로 들로
꽃보다 어여쁜 추억 담그며
동무들과 함께하던 날,
바람 타고 날아간 세월에
오늘은 지나간 청춘이 그리워
가슴으로 친구를 부른다.
친구야, 친구야!

당신

나의 사랑, 나의 전부인 당신
어떤 언어로도 표현할 수 없는
나의 모든 것이 된 당신이여.

당신에게 받는 사랑의 확신에
그동안 힘들고 슬픈 마음
아이스크림처럼 녹아내립니다.

세상 보배 다 얻은 기쁨으로
당신 향한 돌탑 쌓아가려니
무너지지 않도록 기도해 주세요.

험한 인생길 더불어 걸어가는
너무도 예쁘고 아름다운 당신,
내 삶의 희망이라고 고백합니다.

하얀 나비

골목길 돌아서던 아침
우연히 만난 그녀.
몇 년 전 교통사고로
남편과 직장동료를 잃고
하반신이 마비된 그녀
머리에서 하얀 나비 머리핀이 반짝인다.
백지장 같은 얼굴로
하늘 바라보며
미소 짓는 가녀린 모습
안쓰러워라. 마지막 몸부림처럼
온 힘 다하여 휠체어에 올라앉는데
그녀를 바라보는 내 마음
강물이 된다. 지나간 행복했던 추억
아픔이 되고
눈물이 되어 흐른다.
십 년 넘게 동행하면서도
사랑을 주고 싶어 다가가면
혹여 더 큰 상처 받을까
조심스러워라. 점점 가늘어지는

그녀의 발목이라니.
부디 건강하라고
앞으로도 행복하라고
더는 슬픈 일 없으라고
이 가을에 수채화 같은 마음으로
그녀를 위해 기도한다.

채송화 닮은 여자

앞마당에 키 작은 채송화
흙냄새 맡으며 웃고 있다.
시멘트 틈새 뿌리를 내려
홀로 조용히 세상을 이기며
공해에 물들지 않는 앉은뱅이꽃.
암 말기 지아비 먼저 보내고
바람결에 꽃잎 떨며
지나는 발길 두렵지만
그래도 아침이면 싱그럽게 빛난다.
한여름 땡볕 아래에서도
잘 참고 견디는 가련함은
시각장애를 지닌 그녀 닮았다.
맑은 영혼 가진 그녀에게
희망이란 눈동자 기증하여
소박한 꿈 펼치도록 하고 싶어라.

제2부

오월의 풍경소리

산사의 풍경소리 수면을 스쳐 가니
화사한 꽃물결은 파르르 향 피우고
애써 호수 명경에
그리는 신록의 화장!

그대는 햇빛으로 창문에 어리대고
장미꽃 넝쿨들 불 꺼진 방 오르니
오월의 숨결
붉디붉게 번져온다.

배추밭 소고

햇살 가득한 밭골
연초록 노란 레이스
속치마 둘러 입고
배추들 무서리 맞고 단맛 들어 있다.
소금물에 절여 화려하게 양념하자
아삭한 맛, 되살아난다.
인내의 과정을 거쳐
어머니 손맛으로 거듭나는 배추김치.
눈물도 사랑도 뒤섞이고
한 우주의 인생살이도 부대낀다.
맛깔스럽게 숙성된
저렇게 잘 익어가는 삶이라니.
땅속에 묻은 항아리 안에서 미소 짓는다.
우리네 삶도 이 김장 김치처럼
잘 발효되기를 빌어 본다.

전화벨 소리

문득 전화를 걸어서라도
하소연하고 싶은 날
무작정 숲속 눈길 걷는다.

따스한 목소리라도 들으며
어리광을 부리고 싶은데
곁에 갈 수조차 없는 그리움이여.

지난 추억 돌이키며
안부를 묻고 싶지만
끝내 통화 버튼을 누르지 못한다.

너무도 보고 싶어
외로운 이름 중얼거리는데
바로 그때 들려오는 전화벨 소리!

국사봉에 오르면

국사봉 오르면 꽃길이 열린다.
세종 때부터 4대 임금을 모신 김종서 장군
죽어서도 두 눈 감지 못한 채
오래도록 장군면 산자락을 지키고 있다.

고려사 편찬한 문인이자
두만강 6진을 개척한 북방의 호랑이
그는 문무를 겸비한 올곧은 성품으로
조선 왕조의 규범이 되었고 많은 업적 남겼다.

비록 계유정난의 희생양 되었지만
몸은 대교리 묻히고
영정은 충의사에 모셔지니
그 정신은 생생히 살아 있다.

장군이 잠든 국사봉에 오르면
멀리 계룡산이 보이고
그리움 따라 뻗어난 능선은
전월지맥 지나 역사 속으로 흐른다.

진정을 나누는 것은

사랑하기 때문에
보고 싶다고 말하지 마세요.
그 진실 알 수 없으니까요.

보이지 않는 곳에서
변함없이 지켜보며
기도하는 것이 참사랑입니다.

소유하기보다는
햇살처럼 가까이 다가와
소망을 심어주는 것이
진정한 사랑입니다.

기다리지 않아도
그림자로 동행하는 그대가
내게는 운명처럼 다가오는
설레는 인연입니다.

아픔도 지나면 웃음이 된다

지금까지 잘 참았는데
한여름 밤에 온몸 굳어져
차가운 손발 주무른다.
지친 몸, 말을 듣지 않는다.
지난겨울 어느 새벽
응급실 실려 갔던
기억이 되살아난다.
문득 소름 끼쳐온다.
뜬눈으로 간호하는 손길 안쓰러워
아픔도 내 몫으로 여기던 기억.
거세게 몰아치던 파도도
잠드는 시간이 있고
춥고 시리던 겨울도
봄을 예고하는 때 있다.
쉼 없이 바다로 흘러드는
저 강물 보아라. 고통도
시간이 지나면 웃음이 된다.
인생이라는 긴 여정
짧은 아픔에 주저앉지 말아라.

한줄기 소나기 기다리며
소리 없이 찾아올
젊은 희망과 늘 악수해야 한다.

약속에 기대어

미명 열리자 따뜻하던 손길 생각나
단꿈 깰세라 눈을 뜰 수조차 없습니다.
숨결처럼 밝아오는
가을 하늘에 떠오르는 얼굴

아프고 슬플 때 더욱 그리운
모든 것 다 주어도 부족한 당신,
산 넘고 강 건너 있으니
보고 싶은 마음 뭉게구름으로 흐릅니다.

"너는 꼭 하고 싶은 거 이루거라".

세상이 인연 갈라놓을지라도
그 소망 가슴에 안고
오늘도 걷습니다.

어머니.

동백 아가씨

삼백 리 남녘 바다 산등성이 오솔길
동백 꽃잎 하나, 둘
그대여, 이별의 시린 상처
핏빛으로 서럽고 서러워라.

멍울진 그리움 붉고 또
붉어져서
못 박힌 듯 서 있는 산골 소녀
오늘도 하소연이 길어라.

설궁雪宮 속으로

겨울바람이 눈을 몰고 오면
늘 푸른 소나무
하얀 눈을 덮네.

온 세상 새하얗게 화장한 겨울
순결한 내 사랑

순백의 궁전 속으로
푸른 기운을 찾아가는가.

하염없이
발자국만 쌓고 있는 눈길이여.

허무를 붙잡고

영산홍 꽃물결에 봄비 내리고
그대에게 갈 수 없는 서글픈 마음

가야 할 때를 아는 꽃은 시들고
쌓인 낙화는 흔적마저 남기지 않네.

비누 거품처럼 터지는 기억
가슴에 모래성으로 쌓여

보이지 않아 만질 수 없는
텅 빈 서랍 속 그리움이 되네.

그대에게 갈 수만 있다면
이런 날에는 무작정 걷고 싶네.

동백꽃 되리

해마다 첫눈 내리면
그립고 보고 싶은 사람
부드럽고 다정한 목소리 들린다.
이제는 지나간 추억이지만
아직도 그 음성 되살아나
내 마음 울린다.
헤아릴 수 없는 그대에게
정 주고 빠진
내가 바보인데
미워하면서 잊으려 한다.
시리고 쓰린 상처
감싸안고 그저 망부석 되리.
한 송이 붉은 동백꽃 되리.

첫사랑 그 남자

내게는 첫사랑 그 남자
컴퓨터 앞에서 냉커피 즐기는데
하루 몇 잔인지 헤아릴 수 없네.
나도 덩달아 중독자가 되었네.

한눈에 반해버렸던 그 남자
홈피 만든다고 씨름하면서
자리 뜨지 못하고 열병 앓았네.
나, 홈피 선물에 홀딱 빠졌네.

이제는 가장으로 자리한 그 남자
자상한 아빠와 다정한 남편이 되어
큰 욕심 없이 올곧게 살아가는
순수한 모습 바라보며 나도 닮아가네.

사랑하는 그 남자와 나
둘이 하나로 하나이면서 둘로
언젠가는 무지개 떠오르는 고향 언덕
뿌리 깊은 나무가 되리.

동박새 기다리며

겹겹이 멍든 꽃잎
수북이 쌓인
망각의 봉오리 모은다.
그립다고 기다린다고
영원을 새긴
시린 맹세를 꺼낸다.
그것이 남긴 잔설 위에
혈서를 써 내려간다.
아련한 추억이 된
남녘 바닷가
오솔길 따라
이별의 아픔 눈물로 적신다.
그대는 후드득 떨어지는 낙화
동백 아가씨의
고백이 들리지 않나.

쓸쓸한 가을

우수수 홍단풍 지는 날,
깊은 산 닮은 그대
가슴 저리도록 보고 싶다.
쓸쓸한 내 빈 가슴
그리움의 불 밝힌 그대!
바람 따라 춤추는 억새꽃처럼
나, 붉은 노을 바라보며 운다.
모든 것 잠시 거두고
흐르는 강물에
작은 돛배라도 띄워
그대에게 갈 수 있을까.
그리운 마음 잔잔히 태우다가
굽이치는 물결 쫓아
내 마음 전할 수 있을까.

안개비 사랑

사랑아, 비바람처럼 오지 마라.
사랑아, 태풍처럼 오지 마라.
비바람처럼 강한 사랑보다
태풍처럼 부서지는 사랑보다
부드럽고 포근한 사랑이 좋다

사랑아, 먹구름처럼 오지 마라.
사랑아, 소나기처럼 오지 마라.
먹구름처럼 스쳐 가는 사랑보다
소나기 같은 순간의 사랑보다
마음속 깊이 오래 사랑하고 싶다.

태풍 같은 사랑이 아닐지라도
소나기 같은 순간의 사랑은 아닐지라도
어느 결 몸과 마음 가득
스며오는 안개비 사랑
잔잔하고 단단한 사랑을 하고 싶다.

두견화 피는 언덕

동장군의 칼날 피해
타향살이 긴 세월
다시금 꽃샘추위 몰려와도
재회를 희망 삼아 살아왔지요.
내 마음 작은 산새가 되어
머나먼 고향 하늘 그렸지요.
하염없는 눈물로
치마폭 적시며
동지섣달 긴 밤을 울며 지새웠지요
피 토하고 쓰러질지라도
당신 향한 기다림
연분홍 꽃으로 피어날지니
그날의 그 약속
꼭 기억하고 찾아오세요.

제3부

천태산 가는 길

돌계단 한 발 두 발 올라
천상에서 뿌리는 듯한
삼단폭포 이르니
웅장한 물줄기에 피로가 풀린다.

해맑은 물로 씻은 몸을
매미 소리 깃든 미풍에 말리고
시원한 매실차 보시 받으니
빈 마음 가득한 자비로움이라니!

장엄한 천태산 품에 안긴
영국사 천년 지킴이 은행나무
은은히 들리는 불경 소리에
백팔번뇌 잊고 불자를 맞는다.

어머니

어머니, 고개 들어
요양 병실 창밖을 좀 보서요.
어머니가 좋아하는
들꽃이 미소 지으며
꽃향기 바람 모아
창문을 두드리고 있어요.

어머니, 일어나
요양 병실 창문을 좀 열어보서요.
수정처럼 맑고 고운
파란 가을 하늘에
고추잠자리 춤추며
어머니를 부르고 있어요.

어머니, 가장 좋아하는
장미꽃과 들꽃
바구니에 가득 담아 갈게요.
부디 건강하서요.
어머니가 살아계시는 동안

딸은 늘 행복하답니다.

간절한 기도

　이대로 보낼 수는 없습니다. 아직도 제 곁에는 어머니가 있어야 해요. 어머니가 없는 세월은 꿈에라도 생각할 수 없습니다. 어머니의 품은 고향 집 같습니다.

　제발 제 손 놓지 말고 오래도록 함께 있어 주세요. 마음을 정리할 시간이 필요합니다. 아직은 보낼 수 없습니다.

　어머니! 조금 더 힘내어 손잡아 주세요. 어머니를 떠나보낸 하늘과 땅은 존재할 수 없습니다. 가슴 시리도록 사랑합니다.

　어머니! 오늘도 이 어린 막내딸, 앙상한 어머니 손을 어루만지며 눈시울 시큰합니다. 욕심인 줄 알면서도 두 손 모아 기도하오니

　부디, 귀를 열어 제 맘을 들어주세요.

소쩍새는 어디로 갔을까

뒷동산 홀로 울어대던
소쩍새는 어디로 가고 없을까.

저녁노을을 타고 서럽게 노래하던
갈대처럼

이 밤에도
한 잎 두 잎 떨어지는 낙엽

차갑게 부는 가을바람은
여기저기 망울져 오는 그리움

하염없이 산 그림자만 쳐다보네.
구름이 가리는 달무리 속으로.

소중한 별 하나

휴대전화기를 열면
오늘도 당신은
웃고 있네요.
우선 안부를 묻지요.
내가 웃으면 당신도 웃고
내가 슬퍼하면
당신도 슬퍼하지요.
그렇게 걱정하는 눈빛을 보내지요.
오늘도 당신은
미소로 위로를 보내는군요.
세상살이 다 그런 것이라고
잘 참았다고 칭찬하네요.
행복한 날에는
환한 낯빛으로
슬픈 날에는
눈물 머금으며
추억에 젖게 하는 얼굴
당신은 휴대전화기에 저장된
소중한 별 하나

은하수 건너 저쪽
내 가슴의 북극성이에요.

마지막 모습

당신 모습 자꾸 떠올라
그만 두 눈 감았습니다.

아무것도 할 수 없어
자꾸만 깊어지는 내 사랑!

가을 숲에서

낙엽은 나무와 작별 고하며
허무하게 떨어지고,
숲속 다람쥐는 떨어진 낙엽 사이
바스락바스락 바쁘다.

한 쌍의 부부가 잠든 곳
참새 한 마리 날아와 함께 살면서
부모님 이야기 엿듣고는
나에게 살며시 귀띔해준다.

어머니, 올여름 너무 덥지 않았나요?
이제는 외롭지 않고요?

술 한 잔 올리고
봉분 어루만지며, 잔풀 뽑아내며
다정한 안부
먼 하늘로 띄워 보낸다.

저녁의 질문

날마다 똑같은 일상인데
자꾸 낯설어지는 것은 무슨 까닭일까.
하루가 저물고 저녁이 되면
오늘은 무엇을 하고
무슨 생각을 하며 보냈는지 되묻게 된다.
내가 발 딛고 사는 세상이건만
갈피를 잡을 수 없는 이 허둥거림은 무엇일까.
지난가을이 올해 다시 찾아오면
반가움보다 서운함이 앞선다.
"가을아, 그동안 잘 있었니?
나를 두고 떠난 것이
엊그제만 같은데
무슨 일로 벌써 돌아왔니?"
점점 쓸쓸해지는 이 깊은 계절에
열 손가락 다 아프도록
세월의 팔뚝 꼬집어본다.
손톱자국이 나도록…….

그런 날이 있지요

울적한 날에는
홀로 슬픈 노래 들으며
그냥 펑펑 울지요.

보고 싶은 마음
애달프면
괜스레 뒤돌아서 울지요.

강변 둑길에 앉아
멈춘 듯 잔잔히 흘러가는 강물을
바라보다가

너를 위해 기도하며
고개 숙이는 눈물
훔쳐보는 물빛이

다시 소리 없이 흘러가는
그런 날이 있지요.

그리운 아버지

찬바람 불면
육 남매 중 늦둥이 막내딸
예쁘다고 보듬어주고 업어주던
아버지 생각난다.

호주머니에 살짝 숨겨 온
즐겨 먹던 술안주
마른오징어 몇 조각
어린 손에 쥐여주던 아버지.

안개 낀 새벽길
삽자루 어깨에 메고
논두렁 건너다가
개울가의 다슬기를 잡아 오던 아버지.

장독대 옆 채마 밭고랑에서
율律 고르던 헛기침 소리
어린 등 다독이며
손 꼭 잡아주시던 아버지.

〉
무명옷 밀짚모자 쓰고
딸자식을 위해 농사짓던
아버지의 모습 떠올라
오늘도 눈물의 연서를 띄운다.

대문을 열어 두고

내일이면 그토록 기다리던
딸이 집에 온다네요.
시장에 가는 발걸음 가볍고
식사 준비하는 손길이 즐겁네요.

한때는 가슴 쓸어내리며
눈물로 지샌 기나긴 밤도 있었지요.
그 밤 통해 부모 마음 헤아리며
나도 엄마임을 새삼 느껴요.

못난 자식을 위해
오늘도 기도하실 하늘나라 어머니
기쁜 소식 전해드리오니
늘 변함없이 지켜봐 주세요.

해바라기 사랑

그만 다 잊어야 한다고
나 자신과 싸우지만
하늘을 바라보며
언제까지 울어야 할까요.

한 사람 사랑하는 일이
왜 이렇게 힘들까요.
나는 그냥 하늘바라기
기쁨을 노래하는 꿈을 꾸어요.

희망과 행복에 사로잡힌
나는 마냥 하늘바라기.
마음의 보석상자 되어
이 세상 금빛으로 물들일 거요.

산다는 것은

산다는 것은 때로
비 온 뒤 질퍽한 언덕길을
걷는 것과 같다고 하지요.
몸 돌릴 수 없는 위태한
외나무다리에서
휘청거리는 꿈
꼭 껴안는 것이기도 하고요.

산다는 것은 때로
뜨거운 태양이 작열하는 아스팔트 길에서
흘리는 땀방울 같은 것이지요.
한여름 밤 극성스러운
모기떼의 성화처럼
성가신 것이기도 하고요.

산다는 것은 그래도
그 자체로 아름다운 것이지요.
지루한 장마 끝
환한 햇살처럼

그렇게 은혜로운 것이기도 하고요.
그 빛 밝히고자
어둠은 더욱 깊숙이 드리우고요.

산다는 것은 그래도
낯설지만 뜨거운 사랑
그 감미로움을 위하여
뜻밖의 이별을 만들기도 하지요.
그렇게 가슴 아프게도, 쓰리게도 하지요.
새로운 환희를 위하여.

겨울 비탈길에서

화사한 새봄 맞이하기 위하여
찬란한 추억 다 버리고
동지섣달 긴 세월
추위 견디는 나목들 보아라.

매서운 북풍 파고들어
차디찬 눈물 흘리며 몸을 떨더라도
엄마의 자궁 속 동면을 꿈꾸면
멍울진 사연들 술술 풀려난다.

순결한 첫눈의 너울을 쓰고
새벽안개로 스며들어
그대 노 젖어오는 강가로 마중 가리니
버들개지 움트는 그날까지
나, 머무르게 해주세요.

계룡산 언덕

어머니, 아버지 보고 싶어 부르는
막내딸의 애절한 목소리 들리나요?

계룡산 고향 땅 언덕배기
나란히 누워 계신 부모님
바라만 보아도 눈물 납니다.

어린 시절 함께 놀던 소꿉친구들
모두 떠난 고향 마을은
낯선 사람들 모여 사는 대도시가 되었지만

영면하신 그 동산, 햇살 내리고
두견새 노래하나니, 내내 편히 쉬소서.

아버지 친전親展

어렵고 힘들 때마다 큰 격려로
나를 일으켜 주시던 그림자.
지금은 깊은 밤 안방에서 들리던
기침 소리조차 그립습니다.

명절날에나 겨우 찾아본 산소
금잔디 틈에 돋은 잡초를 뽑으며
아버지 흔적을 찾아봅니다.
이제야 겨우 철이 드나 봅니다.

살아생전 온몸을 기대던 큰 언덕
지금은 빛바랜 사진만 남기고
선산에 잠들어 계시는 아버지
언제 또 그 품에 안길 수 있을까요.

눈물을 흘리며 불러보는 아버지,
자꾸만 목이 메어 오네요.
생각만 해도 든든해지는 아버지,
당신의 자식임이 자랑스럽습니다.

제4부

풀잎 연가

밤새 눈물 모아 만든 옥구슬
영롱하게 빛나는 아침.
그것들 얼싸안고 속삭이는
풀잎들의 합창 소리 들린다.
꺾이고 갈라진 상처만큼
힘들 것이라고 여기며
더욱 포근히 감싸는 저 초록 향기
바람에 부대끼면서도
온 힘을 다해 허공에 퍼진다.
어미 찾아 두리번거리는 어린 꽃사슴
눈망울에 서린 슬픔마저
풀잎은 말없이 제 가슴에 간직한다.
이것들 내 마음의 미련까지
까닭 없이 머무르게 한다.
나는 이슬을 먹고 자란 풀잎 소녀
오늘도 저 산 너머 행복 찾아
그리움의 휘파람을 불어대는데.

나의 자리

순결한 마음이 좋아
한 송이 장미보다
차라리 한 송이 목련이 되었습니다.

푸른 젊음이 좋아
한 그루 단풍나무보다
오로지 한 그루 소나무가 되었습니다.

마당 가 목련꽃을 닮은
하얀 그리움 안고
변함없는 마음으로 함께합니다.

언제나 나의 자리 지켜주는
소나무를 닮은 마음으로
오늘도 당신을 사랑합니다.

까치집

산모롱이 오솔길에 서 있는
우람한 느티나무 가지들

사이사이 둥지를 허락하고
바람결에 어깨춤 추며 당신을 맞는다.

흔들리는 당신의 마음 붙잡아
오선지에 음표로 그려 넣어야지.

날마다 행복한 선율이 흐르는
우리의 든든한 집 지어야지.

둘 그리고 하나

들에는 가을빛이 물들고
국화 만발한, 아름다운 계절 10월
서로 다른 가정환경에서 자라
꽃과 나비가 만나 사랑하듯
이제 둘은 하나가 되어
아름답게 살겠다고 맹세하는 자리입니다.

힘들 때나 기쁠 때나 한뜻이 되어
처음처럼
서로 아끼고 사랑하는 마음으로
꽃을 찾는 나비의 꿈을 담아
조심스레 희망의 첫발을 내딛는 날입니다.

평생 동행하기로 약속하는 오늘
한여름 시원한 빙수같이
한겨울 따뜻한 솜이불같이
봄이면 파릇한 싹을 틔우고
가을이면 탐스러운 열매 맺는
한 쌍이 되기를 바랍니다.

〉
눈부시도록 하얀 웨딩드레스에
사랑이라는 이름으로
서로 구속하지 않고
함께 노력하여 둘이지만 하나인 모습으로
지치지 않는 신혼이기를 빕니다.
동행하는 부부이기를 바랍니다.

선한 눈매 정결한 미소로
부모에게 효도하고 형제간에 우애하며
머리끝에서 발끝까지
예쁘게 닮아가기를 소망합니다.

생명을 얻은 생일도 소중하지만
오늘처럼 둘만의 사랑을 통해
깊은 부부가 되는 결혼기념일도 소중합니다.
혼인 서약이라는 약속도 소중합니다.

알차게 무르익은 충만한 가을

신랑 신부에게 최고의 계절이기를 빌며
결혼이라는 새로운 출발에
축복이 함께하기를 진심으로 기원합니다.

하늘의 인연이여

낳고 길러준 정성으로
고이 자란 보금자리
어려운 환경에서도
자식에게 희망을 걸고
허리띠 조여 매며
희생의 손길 베풀었나니
가없는 어버이의 은혜
어찌 다 측량할 수 있으랴.

험한 세상에서도
착하게 성장하여
훌륭한 인품을 갖춘
성인이 되었으니
이제 부모님의 품을 떠나
둘이 하나 되어
사랑으로 새 가정
꾸릴만한 때 되었어라.

하늘의 인연으로

아름다운 배필을 만나
혼인 서약하는
기쁘고 거룩한 시간 맞아
먼저 양가 어르신과
하객 여러분께 감사드리고
오늘의 약속, 마음에 새겨
부디 내내 행복하시라.

사노라면 인생살이가
솜사탕처럼
달콤한 것만은 아닐지니
고통의 가시밭길 앞에서도
서로 의지하고 격려하며
두 손 꼬옥 잡고
위대한 사랑의 승리
목청껏 노래하시라.

신부는 아름다운 그릇이니
조심스레 다루고

신랑은 의젓한 가장이니
소중하게 여겨
미운 정, 고운 정
서로 감싸안는
배려의 동산을 만드시라.

오곡백과 익어가는 결실의 계절
이 좋은 가을날에
부부로 출발하는
신랑 신부에게
하늘의 축복과
땅의 행운이 가득하기를
진심으로 기원하며
우리 모두의 축시를 띄우노라.

별 하나 1

별을 사랑한다는 것
너무 힘들어
하염없이
그리움의 눈물을 흘려요.

밤하늘의 별아!
정말 내 진심 모르겠니?
마음속 품은 것은
언제나 네 생각뿐!

가까이 다가가기에는
너무 멀리 있어
오늘도 마음 시리도록
너를 불러대는데
별아, 너는 고요하기만 하구나.

별 하나 2

고향 계룡의 시 낭송이
불꽃으로 타오르더니
밤하늘 별
하나로 반짝이네요.

내게는 정겨운 현대의 땅
청주 오송으로
내려와서는
시의 향연 벅차게 펼치는군요.

아무것도 보이지 않는군요

찬바람에 몸서리치던 곳
작은 손으로 가려도
아무것도 보이지 않네요.
피가 얼 것 같은 강추위
어금니 악물며 참아냈지요
세월은 그 모든 것 덮어
지금은 아무것도 보이지 않네요.
너무 아쉬워 속속들이
헤집어 보고 싶을 때도 있어요.
장막으로 덮인 과거는
끝내 더 이상 보이지 않는군요
마음 접고 한 발짝 물러서도
눈앞에 어른거리던 잡티
끝끝내 보이지 않네요.
이제 세상의 모든 허물
우거진 녹음이 뒤덮고 있군요.
아무것도 보이지 않는군요.
다만 아름다운 계절만 보일 뿐이에요.

다이어트

보라색 원피스 장롱 속에 걸어놓고
하얀색 달콤한 탄수화물 줄이며
밀가루와 거리 두기 한다.
고소한 식감의 단백질
치킨의 유혹에
더는 빠져서는 안 된다.
소식으로 혈관 건강
운동으로 체지방 다이어트
첫사랑 그 시절로 돌아가고 싶다.
만보기 옆에 차고 걷고 걸으며
꽃피는 오월,
기다리는 것이 욕심일까.
여자는 오늘도 옷이 흠뻑 젖도록
몸 성형 진행 중이다.

그대에게
― 소중한 선물 1

하늘을 올려다봐도
땅을 내려다봐도
창밖에 보이는 세상
어제와 같은 오늘이다.

그래도 가을의 길목
풍성한 들판인 그대
내 소중한 선물이다.
하늘이 준 큰 축복이다.

깊이를 알 수 없는 바다
생명의 신비를 간직하듯
알 수 없는 사람 마음
사랑한다는 것은 괜찮은 일이다

마음 헤아릴 수 없지만
귀하고 소중한 그대
내 모든 것 드리리.
드리는 것만이 기쁨이므로.

한 사람
― 소중한 선물 2

하늘을 우러러보고
땅을 굽어보며
연일 만나는 세상
늘 새로운 한 사람 있습니다.

어스름한 가을밤
빛나는 별 하나
연신 환한 모습으로 웃으며
나를 찾아옵니다.

억겁을 두고 떠오르는 해처럼
날마다 반갑게 빛나는
내 오랜 사랑,
오늘도 아주 큰 선물입니다.

한 점의 흔적도 남기지 않는
내 안의 너무 소중한
참 그리운 당신
좀 더 가까이 오기를 기도합니다.

축복
― 소중한 선물 3

철새 날아가는 푸른 하늘
빌딩 숲과 자동차 물결
다람쥐 쳇바퀴처럼 돌아가는 일상
짧고 길게 이어지누나.
가을 길목에 버티고 선
뿌리 깊은 나무 닮은
당신이 있어
우리 사랑 무르익어가나니
하늘이 준 크나큰 축복이어라.
오대양 육대주 누벼도
저 광활한 우주
도무지 알 수 없어라.
하늘의 뜻 헤아릴 수 없어도
가슴에 넘치는 정, 안겨주고 싶어라.

푸른 토양
― 소중한 선물 4

해맑은 가을 하늘
당신은 바다 건너 멀리 있다.
당신의 마음
헤아릴 수 없어도
사랑의 씨앗, 푸른 토양에 심는다.
나는 찬연한 별빛 수놓은
한밤의 그리움
온 천지에 물들일 따름이다.
당신은 이 겨울
온전하게 견뎌내며
꽃피는 봄날을 맞이해야 한다.
무겁고도 가볍게 내려놓은
이승의 책갈피를 넘기며
사계절 당신을 찾아
큰 바위산 넘는
우주를 담은 내 사랑
온기는 지금 새싹으로 자라고 있다.

오송 지하도를 지나며

세종에서 증평 가는 길
즐겨 다니던 오송 지하도
전면 개통한 지 얼마 안 돼
극심한 폭우로 참사가 발생했지요.

그로부터 일 년이 지난 오늘 오후
그 지하도를 지나며
운전대 잡은 손이 차마 떨렸지요.
지하도 안의 울부짖음
아직도 들리는 듯해
숙연한 마음으로 다시
삼가 고인의 명복을 빌었지요.

"사는 동안 좋은 일
많이 많이 하시게"
스승의 가르침대로, 바쁘게 살고 있는
나처럼 고인들도
할 일, 해야 할 일이 많았을 텐데
그저 안타까울 뿐이었죠.

막을 수 있었던 사고였기에
더 무너지는 마음.

미안합니다, 정말 미안합니다.

이 말밖엔 할 수 없어
자꾸만 가슴이 싸늘해집니다.

매물도 등대섬

청주에서 버스로 3시간
거제 저구항에서 배 타고 30분
드디어 푸른 하늘 아래
쪽빛 바다, 시원하게 펼쳐진다.

어릴 적 부모 손잡고 자주 왔던
고향 품은 드넓은 바다
매물도 등대섬에 오르면
돌아가신 부모님 만날 것만 같다.

저 멀리 수평선 위로
날아가는 갈매기 떼 바라보며
세상일 잠시 접으면
답답했던 가슴 탁 트인다.

해안가를 걷다가
고풍스러운 등탑을 올려다보다가
거제에 자리 잡은 오빠를 보면
아버지의 모습이 보인다.

새해에는

새해에는 아픔을 알고 있기에
사랑하는 사람들
이별하지 않게 하소서.

새해에는 내가 먼저
손 놓는 일 없도록
사랑하는 사람들
손을 꼬옥 잡게 하소서.

새해에는 소망하는 일
술술 잘 풀리도록
간절하게 기도할게요.

새해에는 우리 다 함께
좋은 날 많아져
웃고 떠들게 하소서
갈수록 행복한 날 되게 하소서.

해설

사랑과 그리움, 따스한 마음
— 전미진 시집 『노랑 구두의 사랑』에 대하여

이은봉(시인, 문학평론가, 광주대 명예교수)

1. 시 혹은 사랑의 형식

세종, 청주, 계룡 등을 오가며 시를 쓰고, 시를 낭송하는 사람이 있다. 웃기를 좋아하는 사람, 마음이 따뜻한 사람, 사랑이 풍성한 사람……, 전미진 시인이 바로 그이다. 사랑이 풍성한 사람은 그리움도 풍성하기 마련이다. 그렇다. 그는 그리움도 풍성한 사람이다. 이러한 그가 쓰는 시는 어떨 것인가. 마땅히 그의 시는 풍부한 사랑과 그리움으로 가득 차 있을 수밖에 없다.

사랑과 그리움은 서로 짝을 이루는 감정이다. 그리움

이 없이 사랑이 있을 수 없고 사랑이 없이 그리움이 있을 수 없다. 물론 그리움은 분리의 정서이고 사랑은 일치의 정서이다. 사랑이 일치의 정서라는 것은 그것이 합일의 정서이고 화합의 정서라는 것을 뜻한다.

그리움은 기다림과 함께 시를 불러일으키는 기본 정서이다. 이때의 시가 서정시를 가리키는 것은 당연하다. 분리의 정서인 그리움과 기다림은 언제나 사랑을 지향할 수밖에 없다. 사랑을 지향하기는 서정시도 마찬가지이다.

사랑이란 무엇인가. 사랑은 주체와 객체의 하나 됨을 가리킨다. 이때의 사랑, 곧 하나 됨을 합일이나 일치라는 말로 바꾼들 어떠하랴. 사랑의 완성을 '혼을 묶는 일', 곧 결혼(結婚)이라고 이해하는 것도 이에서 기인하는 듯싶다.

서정시를 두고 사랑의 형식이라고 한다. 서정시가 사랑의 형식이라는 말은 그것이 하나 됨의 형식, 합일의 형식, 일치의 형식이라는 말과 다르지 않다. 이때의 하나 됨, 합일, 일치 등의 말은 조화, 균형, 화합 등의 말과 다르지 않다. 강조하거니와, 서정시의 보편적인 특징은 대상과의 하나 됨, 곧 일치와 합일, 조화와 균형, 화합을 탐구하는 데 있다.

대상과의 합일 혹은 일치, 균형과 조화, 화합은 순간적으로 이루어질 수밖에 없다. 순간적으로 이루어지기는 사랑도 마찬가지이다. 사랑의 정신을 바탕으로 하는 서정시를 두고 흔히 순간의 형식이라고 하는 것도 이와 무관하지 않다. 이때의 순간의 형식을 '순간의 거울'로 바꿔 말하기도 하지만 말이다.

순간적이라고 하더라도 사랑이 이루어지는 형태는 각기 다르다. 시인 전미진은 때로 자신의 사랑이 "비바람처럼 오지 마라"고, "태풍처럼 오지 마라"고 노래한다. "비바람처럼 강한 사랑보다/태풍처럼 부서지는 사랑보다/부드럽고 포근한 사랑이 좋다"고 노래하는 것이 그이다. 그가 "부드럽고 포근한 사랑", "잔잔하고 단단한 사랑을 하고 싶다"라고 하더라도 사랑은 일반적으로 "비바람처럼", "태풍처럼"(「안개비 사랑」) 오기 쉽다. 보통은 저 자신과 세상을 파괴하며 올 때가 많은 것이 사랑이다. 그래서 사람들이 사랑하기를 두려워하는 것이리라.

이 글에서 논의하는 전미진의 시는 매우 풍성한 사랑을 바탕으로 하고 있다. 풍성한 사랑을 바탕으로 하고 있다는 말은 풍성한 그리움을 지니고 있다는 말과 다르지 않다. 풍성한 그리움을 바탕으로 하는 시는 풍성한 외로움을 바탕으로 하는 시라는 말이 되기도 한다. 사랑이 풍성한 시라는 말과 애틋한 마음이 풍성한 시라는 말도 실은 다르지 않다. 자신의 시를 통해 "사랑한다는 말보다/아린 가슴을 전하고 싶다"라고 노래하는 것이 그이다.

오늘 같은 날에는
사랑한다는 말보다
아린 가슴을 전하고 싶다.
보고 싶다, 보고 싶어, 라는 말.

이 쓸쓸한 계절,
나를 버리고
너에게 갈 수만 있다면
낙엽으로 날아가련만…….

하루의 첫눈을 뜰 때
일상이 버겁게 느껴질 때
사무치게 그리운 사람
가을이 가기 전에
다시 만날 수 있을까.

잊을 수 없는 사랑 심어놓고
모르는 척하는
무정한 사람아.
영원한 소망을 노래하노니
응답하소서, 울림으로, 메아리로…….
　　　　　　　　　　―「가을이 가기 전에」 전문

이 시에서 그는 "사무치게 그리운 사람/가을이 가기 전에/다시 만날 수 있을까"하고 노래한다. 말 그대로 "사무치게 그리운 사람"을 기다리는 마음을 담고 있는 것이 이 시이다. 이는 이 시를 구성하는 핵심어인 "사랑", "아린 가슴", "보고 싶다", "쓸쓸한 계절", "너에게 갈 수만 있다면", "사무치게 그리운 사람", "다시 만날 수 있을까", "잊을 수 없는 사랑" "무정한 사람아" "영원한 소망" 등을 보더라도 잘 알 수 있다.

이처럼 그의 시에는 저 자신의 감흥이 매우 잘 드러나 있다. 꾸미지 않은 일상의 감흥이 가감 없이 표현되는 것이 그의 시이다. 물론 나날의 일상과 함께하는 그의 감흥은 언제나 사랑에 뿌리를 내리고 있다. 게다가 이때의 사랑과 함께하는 감흥은 늘 그리움을 거느린다. 풍성한 그리움에 기초한 채 태어나는 사랑을 노래하는 것이 그의 시이다.

2. 그리움의 실제, 달콤한 사랑

앞에서 말했듯이 그의 시는 늘 그리움에 기초한 사랑을 노래한다. 그의 이들 시에서 연인을 향한 절실한 마음, 곧 그리움을 읽기는 어렵지 않다. 그렇다. 특별히 그리움이라는 언표가 많이 쓰인 것이 그의 시집 『노랑 구두의 사랑』에 수록된 시들이다. 이때의 그리움이 사랑을 불러일으키는 분리의 정서라는 것을 모르는 사람은 없다. 이때의 그리움이 또 다른 분리의 정서인 기다림에 비해 좀 더 적극적인 정서라는 것은 주지의 사실이다. 강조하거니와, 그의 시에는 좀 더 소극적인 정서인 기다림이라는 말보다는 좀 더 적극적인 정서인 그리움이라는 말이 많이 등장한다. 무엇보다 이는 그의 시에 표현된 그리움에 기초한 사랑이 그만큼 적극적이라는 것을 말해준다. '그리움'은 그가 내게로 오기를 기다리는 마음이 아니라 내가 그에게로 가고자 하는 마음이다.

해마다 첫눈 내리면
그립고 보고 싶은 사람
부드럽고 다정한 목소리 들린다.
―「동백꽃 되리」 부분

그립다고 기다린다고
영원을 새긴
시린 맹세를 꺼낸다.
―「동박새 기다리며」 부분

차갑게 부는 가을바람은
여기저기 망울져 오는 그리움

―「소쩍새는 어디로 갔을까」 부분

깊은 산 닮은 그대
가슴 저리도록 보고 싶다.
쓸쓸한 내 빈 가슴
그리움의 불 밝힌 그대!
―「쓸쓸한 가을」 부분

'그리움'이라는 언표를 담고 있는 그의 시 몇 편이다. 물론 이들 시에 드러나 있는 그리움의 정서가 깊이 있게 정제되고 절제된 것으로 보이지는 않는다. 그리움의 정서가 있는 그대로 드러나 있는 것이 그의 이들 시이다. 이러한 논의는 그가 그만큼 정직한 자아를 갖고 있다는 뜻이 되기도 한다. 그리움에서 비롯되는 사랑의 정서를 매우 적극적으로 드러내는 사람이 그라는 것이다. "첫눈 내리면/그립고 보고 싶은 사람/부드럽고 다정한 목소리 들린다"라고 노래하고 있는 것이 그러한 예이다. 그의 시에서 그리움에 기초한 사랑의 정서는 이처럼 순정하거니와, 그것은 다음의 시에서도 확인된다.

문득 전화를 걸어서라도
하소연하고 싶은 날
무작정 숲속 눈길 걷는다.

따스한 목소리라도 들으며
어리광을 부리고 싶은데
곁에 갈 수조차 없는 그리움이여.

지난 추억 돌이키며
안부를 묻고 싶지만
끝내 통화 버튼을 누르지 못한다.

너무도 보고 싶어
외로운 이름 중얼거리는데
바로 그때 들려오는 전화벨 소리!

─「전화벨 소리」 전문

이 시는 "전화를 걸어서라도/하소연하고 싶은" 마음, "따스한 목소리라도 들으며/어리광을 부리고 싶은" 마음을 담고 있다. 이러한 마음이 가득한 날 그는 "곁에 갈 수조차 없는 그리움"을 달래며 "무작정 숲속 눈길 걷는다". "지난 추억 돌이키며/안부를 묻고 싶지만" 끝내는 "통화 버튼을 누르지 못"하는 것이 그이다.

이 시는 "너무도 보고 싶어/외로운 이름 중얼거리는데/바로 그때" "전화벨 소리"가 "들려오"면서 매조지가 된다. 소박하기는 하더라도 이 시의 내용이 순정하게 느껴지는 것은 분명하다. 무엇보다 이는 시를 통해 그가 드러내는 사랑의 감정이 정직하다는 것을 말해준다.

  그의 시가 갖는 정직한 사랑은 「허무를 붙잡고」, 「해당화 바닷가」, 「사랑은 초보 운전」 등의 시에서도 확인된다. "비누 거품처럼 터지는 기억", "보이지 않아 만질 수 없는/텅 빈 서랍 속 그리움이 되네"(「허무를 붙잡고」)와 같은 구절이 바로 그 예이다. "오늘도 어두운 밤/잔해처럼 부서지는 마음"(「해당화 바닷가」)이라는 구절도 같은 예이다. 이들 시로 미루어 보면 아무래도 그는 사랑에 중독된 사람인 듯싶다.

    하루 이틀 소식 없이 흐르다 보면
    첫 설렘도 무디어져
    겁 없이 질주하던
    그 시절로 돌아가서
    맹목적으로 힘차게 달리고 싶다.
    다시금 용기 내어 핸들 움켜쥐어도
    골목을 벗어나지 못하니
    갈 길 멀고 시간은 없는데
    두려워 주저하는 사랑은 초보 운전이다.
    당신 향해 달리는 교차로
    초록빛 직진 신호가 들어올 때
    힘차게 밟으리라

사랑의 액셀러레이터를.

—「사랑은 초보 운전」 전문

이 시에 따르면 그 역시 누군가를 사랑할 때 느끼는 감정을 매우 소중히 여기는 사람이라는 것을 알 수 있다. 본래 청춘의 시절에는 "첫 설렘"에 빠져 "겁 없이 질주"할 때가 가장 행복한 법이다. 하지만 이러한 사랑도 "하루 이틀 소식 없이 흐르다 보면/첫 설렘도 무디어"지기 마련이다. 그래서일까. 그는 지금 "겁 없이 질주하던/그 시절 돌아가서/맹목적으로 힘차게 달리고 싶"어 한다. 한편으로는 "다시금 용기 내어 핸들 움켜쥐어도" 사랑이 "두려워 주저하는"하는 사람이 그이기도 하지만 말이다. 물론 다른 한편으로는 "당신 향해 달리는 교차로/초록빛 직진 신호가 들어올 때" "사랑의 액셀러레이터를" "힘차게 밟"고도 싶은 것이 그이기도 하다.

이로 미루어 보면 그에게는 사랑의 감정에 빠져 있을 때만큼 삶을 설레게 하는 경우가 없는 듯싶다. 그렇다고 하더라도 그의 풍성한 사랑이 오직 연인을 향해서만 펼쳐지는 것은 아니다. 자연의 사물이나 존재를 향해서도 폭넓게 펼쳐지는 것이 그의 시에 드러나 있는 풍성한 사랑이라는 것이다.

3. 자연 사랑과 사물 예찬

전미진 시인이 사랑하는 자연의 사물이나 존재에는 어떤 것이 있는가. 그것들 가운데 가장 먼저 그의 관심을 끄는 것은 '풀잎'이 아닌가 싶다. 그의 이 시집에 수록된 시 가운데 가장 먼저 찾아볼 수 있는 자연의 사물이나 존재가 '풀잎'이기 때문이다. '풀잎'은 '풀꽃'과 함께 수많은 시인에 의해 선택되어온 시적 대상이다.

그의 시 중에서는 「풀잎 연가」가 그 예이다. 이 시 「풀잎 연가」의 '풀잎'으로부터 그는 서로 "얼싸안고 속삭이는" "합창 소리"부터 듣는다. 나아가 그는 이 '풀잎'으로부터 "더욱 포근히 감싸는 저 초록 향기"를 느낀다. 일단은 풀잎 위에 맺힌 이슬을 "밤새 눈물 모아 만든 옥구슬"이라고 명명하는 것이 그이더라도 말이다.

>   밤새 눈물 모아 만든 옥구슬
>   영롱하게 빛나는 아침.
>   그것들 얼싸안고 속삭이는
>   풀잎들의 합창 소리 들린다.
>   꺾이고 갈라진 상처만큼
>   힘들 것이라고 여기며
>   더욱 포근히 감싸는 저 초록 향기
>   바람에 부대끼면서도

온 힘을 다해 허공에 퍼진다.
어미 찾아 두리번거리는 어린 꽃사슴
눈망울에 서린 슬픔마저
풀잎은 말없이 제 가슴에 간직한다.
이것들 내 마음의 미련까지
까닭 없이 머무르게 한다.
나는 이슬을 먹고 자란 풀잎 소녀
오늘도 저 산 너머 행복 찾아
그리움의 휘파람을 불어대는데.

— 「풀잎 연가」 전문

 그가 이 시의 '풀잎'에서 "합창 소리"나 "초록 향기"만 듣고 맡는 것은 아니다. 그가 보기에는 "어미 찾아 두리번거리는 어린 꽃사슴/눈망울에 서린 슬픔마저" "제 가슴에 간직"하는 것이 '풀잎'이다. 풀잎은 "내 마음의 미련까지/까닭 없이 머무르게"하는 자연의 사물이기도 하고 존재이기도 하다. 급기야 그는 자신이 "이슬을 먹고 자란 풀잎 소녀"라고 고백하기까지 한다. "오늘도 저 산 너머 행복 찾아/그리움의 휘파람을 불어대는" 것이 그이다.

 풀잎과 함께하는 그의 마음은 이처럼 순수하다. 그러한 그가 사랑하고 예찬하는 것은 여름의 풀잎만이 아니다. 겨울에 내리는 새하얀 눈도, "눈을 덮"는 "늘 푸른 소나무"도 "순결한 내 사랑"(「설궁(雪宮) 속으로」)이라고 명명하며 찬탄하는 것이 그이다. 그가 이렇게 명명하고 예찬하는 것도 또한 자연의 사물이나 존재에 대한 사랑이다.

이에서도 알 수 있듯이 그의 시에는 자연의 사물이나 존재에 대한 사랑도 풍성하게 드러나 있다. 이때의 사랑은 늘 예찬과 경애의 마음을 바탕으로 하고 있어 주목된다. 다음의 시는 "영국사 천년 지킴이 은행나무"를 예찬과 경애의 마음으로, 곧 사랑의 마음으로 기리는 있는 예이다.

　　돌계단 한 발 두 발 올라
　　천상에서 뿌리는 듯한
　　삼단폭포 이르니
　　웅장한 물줄기에 피로가 풀린다.

　　해맑은 물로 씻은 몸을
　　매미 소리 깃든 미풍에 말리고
　　시원한 매실차 보시 받으니
　　빈 마음 가득한 자비로움이라니!

　　장엄한 천태산 품에 안긴
　　영국사 천년 지킴이 은행나무
　　은은히 들리는 불경 소리에

백팔번뇌 잊고 불자를 맞는다.

─「천태산 가는 길」전문

"영국사 천년 지킴이 은행나무"는 충북 영동의 천태산 자락에 있다. 천태산은 이 "천년 지킴이 은행나무"와 더불어 고찰 '영국사'로 유명하다. 이 영국사는 해마다 가을에 계간 문예지 《시에》가 주관하는 '은행나무 시제'가 열려 전국의 시인이 다녀가는 곳이기도 하다. 이 '은행나무 시제'에 참석하기 위해 영국사에 가려면 주차장에서 차를 내려 "돌계단 한 발 두 발 올라"야 한다. 그 길가에는 "천상에서 뿌리는 듯한/삼단폭포"가 있기도 하다. 시인 전미진은 "삼단폭포"의 "웅장한 물줄기"를 바라보면 "피로가 풀린다"고 말한다. 그가 생각하기에는 "천태산 품에 안긴/영국사 천년 지킴이 은행나무"를 맞으려면 이러한 길을 걸을 수밖에 없다. 그럴 때 "은은히 들리는 불경 소리"를 들으며 "백팔번뇌 잊고 불자를" 받아들이는 것이 "영국사 천년 지킴이 은행나무"이다.

자연을 찬양하며 경애하는 그의 시는 이 밖에도 여러 편을 더 찾아볼 수 있다. "찬란한 추억 다 버리고/동지섣달 긴 세월/추위 견디는 나목들 보아라"(「겨울 비탈길에서」)라고 노래하는 시, "우람한 느티나무 가지들//사이사이 둥지를 허락하고/바람결에 어깨춤 추며 당신을 맞는다"(「까치집」)라고 노래하는 그의 시 등도 같은 맥락에서 읽을 수 있는 예이다.

  자연의 사물과 존재를 노래하는 그의 시 중에는 농산물을 대상으로 하는 시도 없지 않다. 그의 시에서는 배추나 무 등 농작물도 사랑의 대상이 되고 있다. "어머니 손맛으로 거듭나는 배추김치./눈물도 사랑도 뒤섞이고/한 우주의 인생살이도 부대낀다"(「배추밭 소고」)라고 노래하는 것이 그이다. 그러니만큼 그가 농작물에 대한 사랑을 남녀 간의 사랑과 비교하는 것은 당연하다. "농작물은 농부의 발소리 들으며/자란다는 말이 있는데/준비 없는 사랑도 그런가 보다."(「사랑은 농심을 닮았다」)라고 노래하는 것이 그이다.

  사랑의 시인인 전미진의 관심 범위는 이처럼 넓고 크다. 심지어는 아주 오랫동안 사용하여 손때가 묻은 장롱까지 깊이 사랑하는 것이 그이다. 장롱을 두고도 그는 "추억이 하나둘 쌓일 때마다/너의 문 열고 온갖 것 보관했지./사랑이 깊어 갈수록/윤기나도록 너를 닦았고"(「장롱의 노래」)라고 노래한다. 이처럼 그는 자신이 마주하는 모든 것을 매우 소중히 여기는 사람, 아끼는 사람이다.

4. 가족 사랑의 의미망

  이처럼 그는 마주하는 모든 것을 향해 뜨거운 사랑을

퍼붓는 사람이다. 하지만 그가 정작 사랑을 퍼붓는 대상은 가족이라고 해야 마땅하다. 실제로도 이 시집에 수록된 시 가운데에는 가족 사랑을 노래하는 시가 가장 많다. 물론 이는 그의 시들 가운데 가족 사랑을 노래한 시가 가장 밀도가 높다는 뜻이기도 하다.

  그의 시들 가운데 심미적으로 가장 돋보이는 작품도 가족 사랑을 담고 있는 것이 아닌가 싶다. 가족 사랑은 시어머니 사랑, 친정어머니와 아버지 사랑, 남편 사랑, 형제 사랑, 자식 사랑 등 매우 다양하게 펼쳐져 있다. 이로 미루어 보면 그의 사랑은 가족에서 비롯되어 여타 세계를 향해 펼쳐지는 듯싶기도 하다.

>아직 스무 살 청춘인데
>아이 가졌으니 철없는 새색시
>어머니 따라가는 오일장 버스 안
>푸성귀 가득한 보따리 보고
>입덧 나 군침 삼킨다.
>
>지난밤 누렁이가 물어뜯은
>신혼 신발에 속상해하시더니
>어머니가 애써 키운 채소 한 보따리
>노랑 구두로 변했네.

어머니 뭉클한 사랑에
부끄러운 손길로 막걸리 대접하고
알뜰히 용돈 모아 외투 한 벌 사드리겠다고
마음속으로 다짐한다.

서산의 저녁노을 따라 술 익어 갈 때
어머니 거친 손 붙잡고
흥겹게 돌아오는 가벼운 발걸음
어미 소 그리는 외양간 송아지처럼
반갑게 돌아오는 장날 하루.
　　　　　　　　ㅡ「노랑 구두의 사랑」 전문

　이 시는 신혼 초 시어머니한테 받은 사랑을 담고 있다. "아직 스무 살 청춘인데/아이 가"진 "철없는 새색시" 시절 시어머니로부터 받은 사랑 말이다. 이때의 사랑이 상호적이라는 것은 덧붙여 설명할 필요가 없다. 그녀와 시어머니 간의 사랑이 동등하게 드러나 있는 것이 이 시라는 것이다. 이 시에서는 "어머니 따라가는 오일장 버스 안/푸성귀 가득한 보따리 보고/입덧 나 군침 삼"키는 장면이 일단 풋풋하게 다가온다.
　물론 이 시의 주요 내용은 "지난밤 누렁이가 물어뜯은/신혼 신발에 속상해하시더니/어머니가 애써 키운 채소 한 보따리/노랑 구두로 변했네"라는 구절에 들어 있다.

채소를 팔아 노랑 구두를 사주신 시어머니에 대한 사랑과 고마움 말이다. "어머니 뭉클한 사랑에/부끄러운 손길로 막걸리 대접하고/알뜰히 용돈 모아 외투 한 벌 사드리겠다고" 다짐하는 장면도 자못 따듯해 보인다.

지극한 효심에서 비롯되는 풋풋하고 싱그러운 그의 사랑은 친정어머니를 대상으로 하는 시에서도 여실하게 드러나 있다. 어머니에 대한 사랑, 곧 지극한 효심은 「울 엄마」, 「어머니」 「간절한 기도」 「가을 숲에서」 등의 시를 통해 확인된다. 그에게는 "작은 손 차고 시려/호호 불던 그 시절/유년의 추억 속으로/되돌아가서라도/보고 싶은"(「울 엄마」) 것이 어머니이다.

> 어머니, 고개 들어
> 요양 병실 창밖을 좀 보셔요.
> 어머니가 좋아하는
> 들꽃이 미소 지으며
> 꽃향기 바람 모아
> 창문 두드리고 있어요.
>
> 어머니, 일어나
> 요양 병실 창문을 좀 열어보셔요.
> 수정처럼 맑고 고운
> 파란 가을 하늘에

고추잠자리 춤추며
어머니를 부르고 있어요.

어머니, 가장 좋아하는
장미꽃과 들꽃
바구니에 가득 담아 갈게요.
부디 건강하셔요.
어머니가 살아계시는 동안
딸은 늘 행복하답니다.

―「어머니」 전문

 이 시의 서정적 주인공은 어머니이다. 어머니는 지금 요양 병실에 누워 죽을 때를 기다리는 환자로 그려져 있다. 어머니가 소생하기를 빌며 "요양 병실 창밖을 좀 보셔요./어머니가 좋아하는/들꽃이 미소 지으며/꽃향기 바람 모아/창문 두드리고 있어요."라고 노래하는 것이 이 시에서의 그이다. 때가 되면 누구나 이승을 하직할 수밖에 없는 것이 인간이다. 그가 다른 시에서 "어머니를 떠나보낸 하늘과 땅은 존재할 수 없습니다. 가슴 시리도록 사랑합니다."라고 하며 절규하는 것도 이와 무관하지 않다. "어머니를 떠나보낸 하늘과 땅은 존재할 수 없"(「간절한 기도」)다고 외치지만 끝내는 그도 어머니와 사별하지 않을 수 없기 마련이다. "술 한 잔 올리고/봉분 어루만지며, 잔풀 뽑아내며/다정한 안부/먼 하늘로 띄워 보내"(「가을 숲에서」)는 것이 그가 아닌가.

  가족 사랑을 노래한 시 중에는 아버지 사랑을 노래한 시도 없지 않다. 「그리운 아버지」, 「아버지 친전(親展)」, 「계룡산 언덕」 등의 시가 바로 그것이다. 이들 시에서도 그는 어머니를 소재로 한 시에서처럼 살아 있을 때부터 죽은 이후까지의 아버지에 대한 그리움을 노래한다. 아버지에 대한 그리움을 노래하는 이들 시에서도 그는 생생한 감흥을 놓치지 않는다.

    찬바람 불면
    육 남매 중 늦둥이 막내딸
    예쁘다고 보듬어주고 업어주던
    아버지 생각난다.

    호주머니에 살짝 숨겨 온
    즐겨 먹던 술안주
    마른오징어 몇 조각
    어린 손에 쥐여 주던 아버지.

    안개 낀 새벽길
    삽자루 어깨에 메고
    논두렁 건너다가

개울가의 다슬기를 잡아 오던 아버지.

장독대 옆 채마 밭고랑에서
율律 고르던 헛기침 소리
어린 내 등 다독이며
손 꼭 잡아주시던 아버지.

무명옷 밀짚모자 쓰고
딸자식을 위해 농사짓던
아버지의 모습 떠올라
오늘도 눈물의 연서를 띄운다.
　　　　　　　　　－「그리운 아버지」 전문

　이 시의 제목은 「그리운 아버지」이다. 제목에서부터 아버지에 대한 그리움을 노래하고 있는 것이 이 시이다. 이때의 그리움 또한 분리의 정서라고 할 수 있다. 분리의 정서인 그리움이 하나 됨, 곧 사랑을 지향한다는 것은 불문가지이다.

　이 시로 미루어 보면 아버지한테 매우 큰 사랑을 받은 것이 그라는 것을 알 수 있다. "찬바람 불면/육 남매 중 늦둥이 막내딸/예쁘다고 보듬어주고 업어"주던 것이 그의 아버지이다. "호주머니에 살짝 숨겨 온/즐겨 먹던 술안주/마른오징어 몇 조각/어린 손에 쥐어 주"기도 한 것이 그의 아버지이기도 하다.

그에게는 아버지가 "큰 격려로/나를 일으켜 주시던" 분이다. 지금은 그도 "명절날에나 겨우 찾아본 산소/금잔디 틈에 돋은 잡초를 뽑으며/아버지 흔적을 찾아"(「아버지 친전(親展)」)보지만 말이다. "고향 땅 언덕빼기/나란히 누워 계신 부모님/바라만 보아도 눈물 납니다"(「계룡산 언덕」)라고 노래하는 것이 그이다.

그의 가족 사랑은 남편 사랑에 대해서도 그대로 심화, 확장되고 있다. 아마도 그에게는 "첫사랑 그 남자"가 남편인 듯하다. "첫사랑 그 남자"인 그의 남편 사랑도 아주 지극하다, 그에게는 남편이 "나의 사랑, 나의 전부인 당신(「당신」)"이다. "서로 부족한 걸 감싸주는 부부가 되어/자식 키우는 재미로 살아간다면/이 보금자리가 바로 천국 아니랴"(「우리는 지금」)라고 노래하는 것이 그이다. 다른 시에서는 "자상한 아빠와 다정한 남편이 되어/큰 욕심 없이 올곧게 살아가"(「첫사랑 그 남자」)자고 다짐하기도 하는 것이 그이다.

거실에 사랑 노래가 울려 퍼지는데
퇴근길 낭군과 아이들 생각하며
미소 짓는 각시는
오늘도 저녁 준비로 바쁘게 움직인다.

맛깔스럽게 깍두기를 담그고
불고기를 양념에 재우며
내일은 무슨 반찬을 준비할지
날마다 즐거운 고민을 한다.

가끔 미운 정으로 속상한 날도 있지만
낭군 건강하고, 곱게 자라는 자식 있으니
창문에 쏟아지는 햇살 바라보며
감사의 기도를 한다.

서로 부족한 걸 감싸주는 부부가 되어
자식 키우는 재미로 살아간다면
이 보금자리가 바로 천국 아니랴.
세월이 우리를 성숙하게 할지니
사랑하자, 지금은 다 함께.

―「우리는 지금」 전문

 남편에 대한 믿음과 신뢰, 확신이 큰 만큼 그의 남편 사랑도 크다. 부부 사이의 사랑은 누가 뭐라고 해도 믿음과 신뢰, 확신에서 기인하기 마련이다. 남편에 대한 믿음과 신뢰, 확신이 큰 만큼 그는 이 시에서 저 자신을 객관화시켜 "거실에 사랑 노래가 울려 퍼지는데/퇴근길 낭군과 아이들 생각하며/미소 짓는 각시"로 형상화한다. "오늘도 저녁 준비로 바쁘게 움직"이는 것이 이 각시인데, 이어지는 구절에서 그는 "부족한 걸 감싸주는 부부가 되어/자식 키우는 재미로 살아간다면/이 보금자리가 바로 천국 아니랴"라고 강조한다. 이들 시의 구절은 그가 무엇보다 가정의 행복을 소중하게 여기고 있다는 것을 증명해준다. "세상 보배 다 얻은 기쁨으로/당신 향한 돌탑 쌓아가려니/무너지지 않도록 기도해 주세요"(「당신」)라고 노래하는 것이 그이다.

가정의 행복이 가족 사랑에서 비롯된다는 것은 자명하다. 가족 사랑은 아들을 대상으로 한 시에도 자연스럽게 나타난다. "대한민국 사나이라면/누구나 한 번쯤 가는 길"이 군대라고 할 수 있는데, 이는 "군대 간 막내아들/현충일 아침에" "그리움의 보따리 펼"(「면회」)치고 있는 시에 의해서도 확인된다.

가족 사랑은 딸을 대상으로 한 시에서도 마찬가지로 드러난다. "내일이면 그토록 기다리던/딸이 집에 온다"는 소식을 듣고 느끼는 감회를 노래한 그의 시가 그 예이다. "한때는 가슴 쓸어내리며/눈물로 지샌 기나긴 밤"을 보내게 한 것이 딸이다. 그는 "그 밤 통해 부모 마음 헤아리며/나도 엄마임을 새삼 느"(「대문을 열어 두고」)낀다고 노래하기도 한다.

5. 크고 넓은 사랑의 세계

지금까지 논의해온 것처럼 전미진 시인의 시는 그리움과 사랑을 노래하는 데 초점이 있다. 시에 따르면 그는 자신이 마주하는 대상을 미워하거나 싫어하기보다는 좋아하거나 사랑하는 사람이다. 이때의 좋아하거나 사랑하는 마음은 언제나 순수하고 무구해 독자들에게 아무런 의심도 지니지 않게 한다. 그러니만큼 그의 시가 이루는 정서는 어둡지 않고 그늘이 없다. 특별히 설움이라고 할 만한 것이 없는 것이 그의 시이다. 언제나 밝고 환한 것이 그의 시인데, 이는 무엇보다 구김이 없는 그의 인성에서 비롯되는 것으로 보인다. "내 마음 작은 산새가 되어/ 머나먼 고향 하늘"(「두견화 피는 언덕」)을 그리워하는 시에서도 그것은 마찬가지이다.

사랑은 본래 점차 심화, 확장되거나 변주되기 마련이다. 조금씩 자신 밖을, 이웃을 찾아 나설 수밖에 없는 것이 사랑이다. 우정도 사랑의 하나라고 할 수밖에 없는 까닭이 바로 여기에 있다. 우정은 사람살이의 연대와 유대를 만든다는 점만으로도 소중한 사랑이다. 물론 그의 시 중에는 우정을 노래한 시도 없지 않다. "산으로 들로/ 꽃보다 어여쁜 추억 담그며/동무들과 함께하던 날"(「그 날」)을 그리워하는 시가 그것이다.

우정이라는 이름으로도 불리는 연대와 유대로서의 사

랑은 깊이와 넓이를 얻을뿐더러 확장도 얻는다. 이때의 확장이 이웃 사랑을 가리키리라는 것은 자명하다. "시각장애를 지닌 그녀", "암 말기 지아비 먼저 보"(「채송화 닮은 여자」)낸 여자를 노래한 시가 그 예이고, "몇 년 전 교통사고로/남편과 직장동료를 잃고/하반신이 마비된 그녀"(「하얀 나비」)를 형상화한 시가 그 예이다.

오늘의 사회 현실이 지니는 각종 문제에 대해서도 조금씩 관심을 표하기 시작하는 것이 그의 시이다. 처참한 "울부짖음/아직도 들리는 듯"한 오송 "지하도를 지나며/운전대 잡은 손이 차마" 떨리고 "숙연한 마음으로 다시/삼가 고인의 명복을"(「오송 지하도를 지나며」) 비는 시가 그 예이다.

대상에 대한 사랑을 노래한 그의 시 중에는 사랑이 지니는 구체성을 약화하고 추상성을 강화한 시도 없지 않다. 이들 시에서는 그가 보여주는 사랑이 점차 깊어지는 모습을 찾아보기가 쉽다. 사랑이 깊이를 얻어 얼마간 개념화되거나 추상화된 사랑의 시도 없지 않다는 얘기이다. "사랑하기 때문에/보고 싶다고 말하지 마세요/그 진실 알 수 없으니까요.//보이지 않는 곳에서/변함없이 지켜보며/기도하는 것이 참사랑입니다"(「진정을 나누는 것은」)라고 노래하기도 하는 것이 그라는 것이다.

그에게는 언제나 행복을 전제로 하는 것이 사랑이다. 행복한 삶이 영위되려면 무엇보다 요구되는 것이 사랑이라는 것인데, 이는 그가 자신의 시에서 "사랑할수록 보람이 넘치고/겸손하게 나눔을 행하면/덤으로 덕이 쌓인다"(「동행」)라고 노래하는 것만 보더라도 알 수 있다. 행복 나눔이 곧 사랑 나눔이라는 것을 넉넉히 알고 있는 시인 전미진이라는 것을 강조하며 여기에서 글을 맺는다.